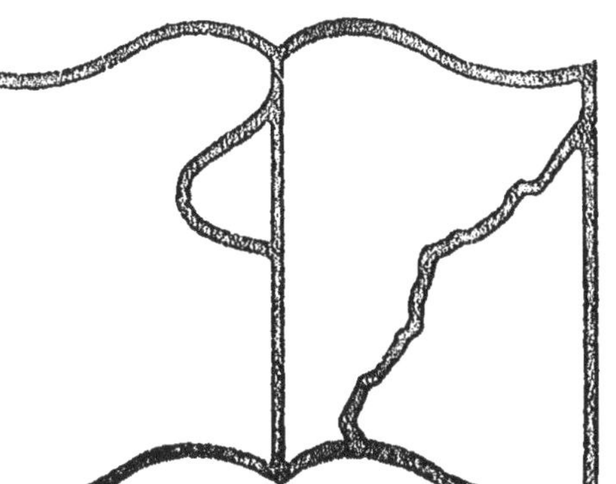

Couvertures supérieure et inférieure détériorées

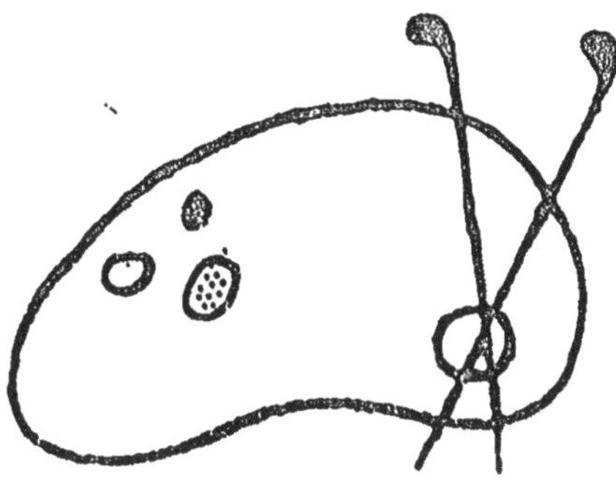

Début d'une série de documents en couleur

ÉTUDES

SUR LES

Origines du Christianisme

PAR

LOUIS MÉNARD
Docteur ès-lettres

PARIS
LIBRAIRIE DE L'ART INDÉPENDANT
11, RUE DE LA CHAUSSÉE-D'ANTIN, 11

18[illegible]

A LA MÊME LIBRAIRIE

LA HAUTE SCIEN

Revue documentaire de la

TRADITION ÉSOTÉRIQU

ET DU

SYMBOLISME RELIGIE

PARAIT LE 27 DE CHAQUE MOIS

La « HAUTE SCIENCE » publie :

Le Zohar, traduit de l'hébreu ; L'Oupnekha grand Aranyaka), traduite du sanscrit par A. Herold ; Les Hymnes de Proclus, traduits du par Louis Ménard ; L'Ascension d'Isaïe, apocr traduit de l'éthiopien par René Basset ; Le Livr Jamblique sur les Mystères, traduit du grec Pierre Quillard ; des textes magiques traduits du léo-assyrien par A. Laurent, etc.

Prix de l'abonnement :

Un an pour toute la France . . . . . [illegible]

Un an pour l'étranger (Union postale) » [illegible]

Tous les abonnements partent de janvier pour fi en décembre.

La HAUTE SCIENCE n'est pas vendue au Num

Les mandats ou chèques, sur Paris, doivent être gistrés à l'ordre du Directeur de la LIBRA DE L'ART INDÉPENDANT.

Saint-Amand (Cher). — Imprimerie DESTENAY, Bussière frères

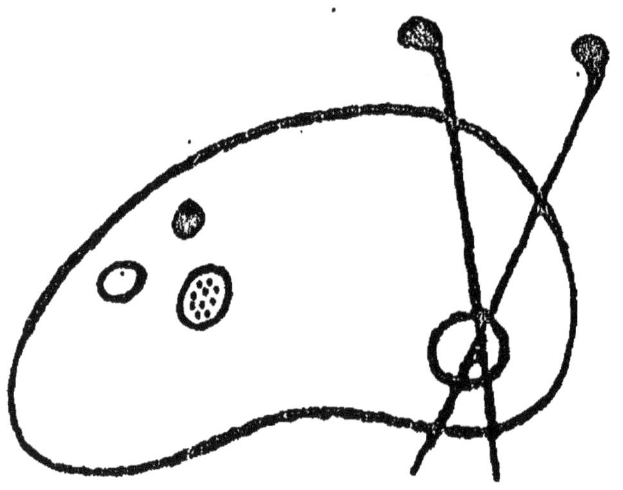

Fin d'une série de documents
en couleur

ÉTUDES SUR LES ORIGINES

DU

Christianisme

ÉTUDES

SUR LES

Origines du Christianisme

PAR

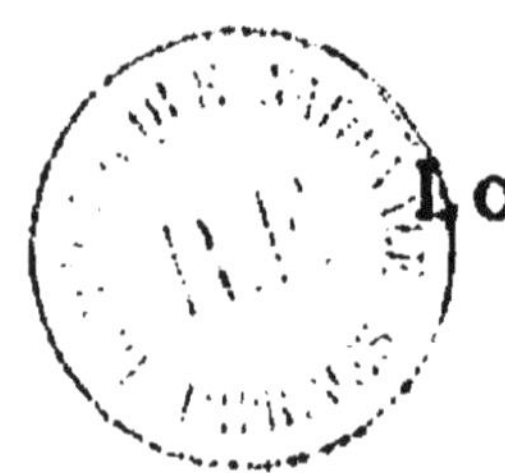

LOUIS MÉNARD

Docteur ès lettres

PARIS

LIBRAIRIE DE L'ART INDÉPENDANT

11, RUE DE LA CHAUSSÉE-D'ANTIN, 11

1893

ÉTUDES[1]

SUR LES ORIGINES DU CHRISTIANISME

LES FEMMES ET LA MORALE CHRÉTIENNE

Parmi les causes qui ont le plus aidé à la transformation des idées et des mœurs du monde occidental par le christianisme, une des plus importantes, quoiqu'elle ait été peu remarquée, a été l'action continue des femmes. Non-seulement les femmes ont favorisé la propagation de la doctrine chrétienne, mais depuis plusieurs siècles déjà elles en avaient préparé l'avènement. Il est donc nécessaire de remonter assez loin dans l'histoire de la civilisation antique pour bien comprendre l'état moral de la société à l'époque des premières prédications de l'Evangile. Pendant la période la plus florissante de la civilisation grecque, on vit se développer, sous l'influence des femmes, des doctrines religieuses empruntées à l'Orient, et qui servirent de préface au christianisme.

Les comédies d'Aristophane nous apprennent

[1] Leçon professée par l'auteur aux Cours de l'Hôtel de Ville.

avec quelle impatience les femmes grecques supportaient ces interminables guerres qui les tenaient éloignées de leurs maris. Elles vivaient seules au milieu de leurs servantes et de leurs nourrices, qui venaient ordinairement de l'Egypte ou de l'Asie et dont les contes bizarres charmaient l'ennui du gynécée. C'était toujours l'histoire d'un bel adolescent, mort à la fleur de l'âge, et pleuré par une Déesse, sa mère, sa sœur ou son épouse ; variations sans fin d'un thème unique : le deuil de la nature sevrée des baisers du soleil. Ces légendes funèbres intéressaient les femmes bien plus que les vieux récits épiques. Elles avaient assez de ces divinités viriles qui, la lance au poing, du haut des acropoles, excitaient les hommes au combat. Elles aimaient bien mieux les Dieux efféminés de l'Asie, avec leur molle langueur et leur tristesse voluptueuse. Les hommes avaient leur religion guerrière qui avait sauvé la Grèce des barbares ; il fallait une autre religion pour les femmes. « Font-elles assez de vacarme, dit Aristophane, avec leurs tambours, leurs sabazies, et, du haut des toits, leurs lamentations sur Adonis ! Je les entendais de l'assemblée. Le jour funeste où Démostrate fit décréter l'expédition de Sicile, sa femme, en dansant, criait : — Hélas ! hélas ! Adonis ! »

Ce culte pleureur avait partout auprès des femmes un succès prodigieux. En Judée comme en Grèce, elles s'inquiétaient peu de la religion nationale. Les prophètes avaient beau crier à la prostitution et maudire les femmes étrangères qui corrompaient le peuple de Iahweh, elles n'aimaient pas ce Dieu solitaire et farouche, et jusque dans son temple elles s'assemblaient pour pleurer Thammuz, l'époux imberbe de la Reine des cieux. La légende s'était localisée sur la côte phénicienne ; c'était dans les forêts du Liban que le sanglier, l'animal impur, détesté des peuples sémitiques, avait blessé à mort le fils de la myrrhe funéraire, « le bel adolescent aux bras roses, » et tous les ans, à pareille époque, le fleuve était rougi de son sang. Les femmes de Byblos se frappaient la poitrine et recueillaient la tête enveloppée de bandelettes de papyrus, que la mer apportait en sept jours de l'Egypte. La religion égyptienne célébrait par des fêtes analogues la mort et la résurrection d'Osiris, et les deux cultes paraissent s'être confondus à Alexandrie. Dans le palais des Ptolémées, « sur des tapis plus doux que le sommeil, » on couchait l'époux auprès de l'épouse, et les femmes venaient l'admirer « sur son lit d'argent, avec son premier duvet sur les joues, le cher Adonis, aimé jusque dans la mort [1]. » Le lendemain, elles s'assemblaient sur le rivage, le sein découvert, les cheveux épars, épiant dans la rosée du matin l'éclosion des plantes hâtives qui annonçaient la résurrection du printemps.

[1] Théocrite, les *Syracusaines*.

Les courtisanes, dont l'importance toujours croissante dans la décadence de l'hellénisme est attestée par les comédies de Ménandre, durent contribuer à répandre en Grèce le goût des religions orientales. A Athènes, où la loi imposait le mariage à toutes les citoyennes, les courtisanes étaient toujours des étrangères ; la plupart venaient d'Asie. Leur richesse les désignait naturellement à l'avidité des prêtres mendiants de la Déesse de Syrie et de la Mère des Dieux. La pythagoricienne Phintys recommande aux femmes honnêtes de s'abstenir de ces religions sensuelles, mais les courtisanes, une fois leur jeunesse passée, devaient chercher une consolation dans des pratiques étrangères qui leur rappelaient leur pays. Les mythes de la Phrygie et de la Syrie avaient presque toujours un caractère obscène ; le culte de Priape est sorti de cette source. Mais la frénésie des sens a pour réaction naturelle l'ascétisme. Les prêtres d'Attys se mutilaient en l'honneur de leur Dieu et à son exemple. Un vague instinct semblait avertir ces religions de femmes qu'il leur fallait subir une épuration profonde pour s'imposer à la conscience universelle. Elles ne reculaient pas devant la torture, pourvu qu'il leur restât la volupté des larmes. L'humanité vieillie rougissait d'elle-même et prenait la chair en dégoût ; elle demandait l'amour idéal, ce dernier rêve des courtisanes fatiguées. Quand un Dieu nouveau lui montra la rédemption dans la douleur, la grande pécheresse inonda de parfums les pieds sacrés du sauveur des âmes et les essuya de ses cheveux.

L'Évangile a conservé les noms de quelques-unes des femmes qui se sont associées à ce renouvellement des croyances : « C'étaient, dit saint Luc, des femmes que Jésus avaient délivrées des malins esprits et guéries de leurs maladies ; Marie, appelée la Magdalène, de laquelle étaient sortis sept démons, et Jeanne, femme de Chusa intendant d'Hérode, et Suzanne, et beaucoup d'autres qui l'aidaient de leur argent. » Elles le suivaient au désert, suspendues à sa grave parole, car il n'avait pas voulu condamner la femme adultère, et il pardonnait beaucoup à celle qui avait beaucoup aimé. Au jour de sa passion et de sa mort, vendu par un de ses apôtres, renié par un autre, abandonné de tous ses disciples et de tous ses amis, il vit des femmes en pleurs sur le chemin de son supplice ; elles embrassaient la croix et buvaient le sang de la régénération. Quand elles revinrent, aux premières lueurs du matin, et qu'elles trouvèrent le sépulcre vide, ce fut à elles qu'il apparut d'abord, et avant toutes les autres à celle de laquelle il avait chassé sept démons. Elle fut la première à saluer le nouveau Dieu du monde, et le monde crut à sa parole et répéta après elle : « Le Christ est ressuscité ! »

Que leur a-t-il donné pour prix de leur dévotion à son culte ? On dit aujourd'hui que le christianisme a affranchi la femme. Il y avait longtemps que cela n'était plus à faire. En substituant le mariage à la polygamie patriarcale, l'hellénisme avait élevé la femme à la dignité morale de mère de famille, de maîtresse de maison, selon l'expression d'Homère. Comme dans l'Olympe des Déesses siégaient à côté des Dieux, il y avait des prêtresses dans les temples, et les oracles divins étaient rendus par des femmes. Le Dieu du christianisme s'incarne sous la forme d'un homme, le Féminin n'a pas place dans la Trinité. La femme est l'instrument du Démon et la source de la damnation du monde. Ses mains ne sont pas assez pures pour offrir le sacrifice : sa bouche, pleine de mensonges, ne peut annoncer au peuple les paroles divines. Elle est exclue du sacerdoce, la plus haute fonction dans l'ordre moral ; repoussée au pied de l'autel, elle s'agenouille devant le prêtre, confesse ses fautes et implore son pardon. L'homme, revêtu d'un caractère sacré, l'interroge comme un juge, lui impose la pénitence expiatoire, éclaire sa conscience obscure et la dirige dans tous les actes importants de sa vie.

Et cependant, sur les débris de la dernière église, la femme viendra prier. C'est que le christianisme a fait bien mieux que de l'affranchir, il l'a conquise. Ce n'est pas la liberté qu'elle demande, c'est l'amour qui la choisit et qui la dompte. Sa religion n'est pas la justice, c'est la grâce ; sa morale n'est ni le droit, ni le devoir, c'est la charité. Elle n'a nul souci de la patrie et des religions républicaines, il lui faut un Dieu enfant à bercer dans ses bras, un Dieu mort à baigner de ses larmes. Elle n'a que faire d'être Déesse, pourvu qu'elle soit la mère de Dieu, son lis immaculé, son épouse élue, enveloppée dans sa lumière. Elle lave les plaies, elle détache la couronne d'épines, savourant ses douleurs bénies, le cœur percé du glaive, mais le front couronné d'étoiles, ravie, transportée, défaillante dans le nimbe radieux des assomptions.

On trouve des femmes mêlées à la première propagande apostolique. « N'avons-nous pas le pouvoir, dit saint Paul, de mener avec nous une femme sœur, comme le font les autres apôtres, et les frères du Seigneur, et Képhas ? » L'épître aux Romains est écrite par Phoibè, diaconesse de l'assemblée de Kenchrées. Simon le mage, ce rival des apôtres, dont les prédications avaient un grand succès dans le pays de Samarie, emmenait partout avec lui une femme très belle qu'il avait achetée dans un marché de Tyr. Elle s'appelait Hélène, et ce nom fournissait à Simon un prétexte pour exposer son système mystique sur la rédemption du Féminin éternel. « Voilà, disait-il, celle pour qui les héros ont lutté sous les murs de Troie, celle qu'ont chantée les poètes ; c'est la pensée divine, l'émanation première du principe créateur. Dès l'origine des choses, objet de la jalousie des anges, enchaînée par eux dans les liens de la vie, elle passe de siècle en siècle par des incarnations successives, source de guerre entre les puissances du monde, à cause de sa merveilleuse beauté. Descendue au dernier degré de ses métempsycoses, abreuvée d'outrages jusqu'au bazar de Tyr, où elle était exposée comme esclave, elle touche enfin au terme de ces hontes. C'est la brebis perdue et retrouvée, c'est par sa délivrance que doit commencer la régénération du genre humain [1]. »

Ce thème mystique était développé sous toutes les formes dans les écoles de la gnose chrétienne. A Alexandrie, où la population était composée de Grecs, d'Égyptiens et de Juifs, toutes les traditions philosophiques et religieuses fournissaient des éléments à une mythologie qui essayait de naître, mêlant les noms hébreux avec les noms grecs, et associant les principes abstraits aux formes élémentaires et sidérales. L'éternel Féminin s'appelait tantôt Barbèlô ou Achamoth, tantôt Sophia, Prounikos on Enthymèsis. Les uns la confondent avec le Saint-Esprit, dont le nom Rouah est féminin en hébreu ; c'est l'âme universelle, la divine colombe qui planait sur les eaux avant la création. Pour les autres, c'est la vierge Éden, la compagne du père Elohim, la mère

[1] Pour les doctrines de Simon et des principales écoles gnostiques, voyez *saint Irénée*, *saint Épiphane* et surtout les *Philosophumènes*.

des anges, qui sont les arbres du paradis ; son corps, comme celui d'Echidna, finit en queue de serpent. Abandonnée de son époux, qui remonte vers le principe supérieur, elle soulève contre les puissances célestes une lutte dont l'âme humaine est le théâtre, et qui doit se terminer par la rédemption. Cette rédemption, Hèraclès est chargé de l'accomplir ; mais après les travaux dont il est sorti vainqueur, il se laisse séduire par Omphale, qui n'est autre qu'Aphroditè, un des mauvais anges. Pour le remplacer, l'ange Baruch suscite Jésus, jeune berger qui faisait paître ses brebis. Lui, du moins, reste fidèle à sa mission divine. Ne pouvant le séduire, le serpent Naas, la plus malfaisante des puissances du monde, le fait mourir sur la croix. Jésus abandonne son corps à Éden et monte vers le Bien suprême, dont le nom est Priape, comme dans les hymnes orphiques:

D'autres construisent un système de couples divins qui rappelle à la fois les émanations du panthéisme égyptien, la théogonie des Grecs et les nombres sacrés de Pythagore. Au sommet de la hiérarchie céleste siège l'ineffable, l'innommé, le Dieu des profondeurs, qui a pour compagne la Pensée ou le Silence. De ce couple primordial sortent deux à deux les Æons, les siècles personnifiés et confondus avec les vertus célestes. La dernière de ces émanations, la Sagesse divine, s'égare à la recherche de son époux jusqu'aux confins de l'abîme ; elle tombe dans les flots troublés de la matière, et tous les anges prient pour elle. De son angoisse naît le Créateur du monde visible ; ses efforts pour remonter vers le Père produisent la voûte du ciel. Elle dépose dans l'homme, à l'insu du Créateur, un rayon de la divine lumière, et par le serpent lui révèle la science du bien et du mal.

Mais Adam est chassé du paradis, une lutte sourde s'établit entre les puissances dèmiurgiques et leur mère, jusqu'au jour où le Christ descend sur la terre dans la colombe du Jourdain, et s'incarne en Jésus pour opérer la rédemption des hommes. Il ramènera Sophia dans la plénitude du ciel supérieur où réside le Père, le monde matériel sera détruit par le feu, le Créateur montera dans l'entre-ciel à la place où était sa mère, et les âmes humaines deviendront les épouses des anges.

Des idées analogues se reproduisent avec d'innombrables variantes dans ces écoles gnostiques [1], qui préludaient si librement à l'élaboration de la métaphysique chrétienne. Au milieu de cette fièvre d'allégories, chacun modifiait le symbole à sa guise, personne ne le prenait à la lettre. C'était une forme qui semblait aussi légitime pour traduire des conceptions philo-

[1] Principalement en Egypte, dans le pays où, de nos jours, les saints-simoniens ont été chercher la Femme-Messie. Il n'y a rien de nouveau sous le soleil.

sophiques que la parabole pour exprimer des préceptes de morale. Toute cette mythologie chrétienne disparut sous le niveau uniforme de l'orthodoxie, avant d'avoir pu trouver son expression définitive. La gnose, combattue dès le second siècle au nom de la tradition apostolique, était presque oubliée au quatrième. Quelques lambeaux de ses théories passèrent, en se transformant, dans les dogmes de l'Église; d'autres reparurent par intervalles sous forme d'hérésie. Les Æons de la gnose, ses nombres sacrés, la Tétrade, l'Ogdoade, la Dodécade se fondirent sur une forme plus conciliable avec l'unité divine dans le dogme de la Trinité. Il est vrai que le Féminin en fut exclu, mais il se réfugia dans le culte et dans la légende. La conscience du peuple plaça la Vierge mère au plus haut du ciel et toujours plus près de son fils. Elle n'a jamais cessé d'être le type de prédilection de l'art chrétien, et, de nos jours, sa dignité vient de recevoir une consécration éclatante dans le dogme de l'Immaculée Conception.

II

L'idéal moral de l'humanité devait se transformer avec ses croyances. Depuis que le principe républicain avait disparu du monde, il n'y avait plus de place pour les grandes vertus viriles, le courage et la justice, qui répondent à la double forme du droit politique, la liberté et l'égalité. Déjà le stoïcisme avait remplacé l'active énergie du citoyen par l'indifférence passive du sage, qui répond par le mépris à toutes les tyrannies du dehors, et cherche la liberté dans le monde intérieur. Quant à la justice, qui dans la morale antique résumait toutes les vertus, elle n'existe que par l'égalité des droits, et désormais il n'y avait plus d'égalité que dans la servitude. L'amour de la patrie, qui avait sauvé les républiques grecques des formidables invasions de l'Orient, pouvait s'étendre, dans la pacifique unité romaine, à ce sentiment moins ardent et plus large que Cicéron appelle la charité du genre humain. Depuis que la patrie se confondait presque avec le monde, personne ne s'inquiétait plus de la patrie ; on s'en aperçut quand l'empire, après avoir abandonné sa religion, fut envahi par les Barbares. Pour le chrétien, il n'y a pas d'autre patrie que le royaume de Dieu ; la cité de l'Evangile, c'est le monastère. Les vertus monastiques, la résignation, l'humilité, l'obéissance ne pouvaient porter ombrage au despotisme impérial, et l'exaltation de ces douces vertus de femme s'accordait bien avec le rôle du Féminin dans la nouvelle religion, qui remplaçait la justice par la grâce et le langage austère de la loi par l'irrésistible mélodie de l'amour. Deux préceptes résument la morale chrétienne : Aime Dieu par-dessus toutes choses; aime ton prochain comme toi-même.

La chasteté, base de la famille, avait toujours été regardée en Grèce comme la première vertu des femmes. Pour prix de cette chasteté, qui maintient la pureté des races, les femmes, dès l'époque héroïque, exigeaient une fidélité réciproque. Homère nous l'atteste par plusieurs exemples. La polygamie patriarcale avait dû disparaître de très bonne heure, puisqu'il n'en est resté de traces que dans la légende mythologique des amours de Zeus. Les amours des Dieux ont été souvent reprochés à la religion des poètes, par les philosophes d'abord, puis par la polémique chrétienne. Cependant, aussi longtemps que cette religion fut respectée, l'adultère fut presque inconnu en Grèce. C'est que la morale n'était pas considérée comme une dépendance de la religion, mais comme la loi spéciale de l'humanité. Les Dieux n'étaient pas soumis aux règles de la société humaine, de même qu'un roi n'a pas à contribuer aux impôts que lui payent ses sujets. D'ailleurs, le sens physique des symboles était transparent pour tout le monde. On savait que Zeus était le principe de la vie, l'éther lumineux, père de toutes choses, et on ne songeait pas plus à lui reprocher ses unions fécondes qu'on ne s'offense aujourd'hui des mille combinaisons de l'oxygène. Mais à mesure qu'on s'éloigna des habitudes agricoles, la physique devint une science abstraite séparée de la religion, qui prit un caractère plus exclusivement politique et humain. Les allégories physiques devinrent très embarrassantes. Il semblait que les Dieux, gardiens des lois morales, devaient s'y soumettre les premiers, et le caractère de ces lois est précisément de réagir contre les attractions de la nature.

Le caractère complexe des divinités helléniques, qui sont à la fois les lois physiques du monde et les lois morales des sociétés, commençait à jeter le trouble dans les consciences. Dans *les Nuées* d'Aristophane, l'Injuste, qui personnifie les tendances de l'esprit nouveau, dit au jeune homme dont il veut faire l'éducation : « Es-tu surpris en adultère ? rejette la faute sur Zeus ; lui-même a cédé à l'amour. Pourrait-on exiger d'un mortel plus que d'un Dieu ? » Puisqu'on ne pouvait concilier la physique et la morale, il fallait que la religion choisît l'une ou l'autre. Pour faire la part du feu, on passa condamnation sur la mythologie des poètes. C'était renier toutes les traditions nationales. La décadence des religions commence le jour où elles sont discutées. Pour un idéal nouveau, il faut une forme nouvelle ; puisque la conscience humaine demandait un Dieu luttant résolûment contre les énergies de la nature, le Dieu aux mille hymens, le Père universel devait céder la place au Dieu du Sinaï, qui a repoussé l'alliance de la molle Astarté, de l'amante éternelle qu'on nommait la Reine des cieux.

Dans la morale politique de la Grèce républicaine, le rôle des sexes était nettement déterminé : à l'un la place publique, à l'autre le foyer. Pendant que l'homme défend la liberté contre un ennemi ou un usurpateur, maintient l'égalité, qui est la justice, la femme élève les générations nouvelles. La famille est son domaine, elle n'en doit pas sortir. La législation de Solon avait garanti la chasteté des Athéniennes ; quelques restrictions à leur liberté les mettaient à l'abri de la misère et des dangers du célibat ; il n'y avait pour elles d'autre condition possible que le mariage. Elles vivaient non pas enfermées, comme on le dit quelquefois, mais très retirées, et ne se mêlaient pas à la société des hommes. On répète souvent en France que le mélange des sexes est indispensable à l'esprit ; cependant les Athéniens ne passaient pas pour des sots, mais ils ne croyaient pas qu'il fût permis à une honnête femme, à une mère de famille, d'étaler son esprit et ses charmes devant la foule. Toute l'activité qu'elle dépenserait au dehors serait volée à ses enfants, sa dignité morale est dans ses fonctions d'épouse et de mère ; ses devoirs sont résumés dans une phrase du discours de Périclès dans Thucydide : « Qu'elle ne fasse pas parler d'elle, ni en bien ni en mal. » Le foyer est un sanctuaire où l'étranger n'a rien à voir ; les louanges qu'il donne à la femme d'un autre ressemblent à une insulte.

Pénélope, Andromaque ou Antigone, Lucrèce, Cornélie ou Arria, la femme antique est la même dans l'idéal et dans la réalité, dans la poésie et dans l'histoire. Les modernes ne l'ont pas retrouvée, même dans les rêves de leurs poètes : le moule en est brisé. Il est vrai que l'antiquité n'a pas connu le type de Célimène, pas plus que ceux de Tartuffe et de Don Juan. La coquetterie était abandonnée aux courtisanes, et on ne connaissait pas plus la galanterie, qui est le mensonge de l'amour, que cette hypocrite dévotion, qui est le mensonge de la piété. Les femmes n'aspiraient pas à cette royauté dérisoire qui pervertit leur sens moral au point de leur faire mépriser l'homme inhabile à les tromper. L'adultère, que les poètes grecs attribuent toujours à la vengeance de quelque divinité irritée, était fort rare et très sévèrement puni. Ce n'était pas le mari qui était déshonoré, c'était l'amant. On n'avait pas fait de la séduction un art, attirant à ceux qui savent le mettre en pratique l'envie des hommes et l'admiration des femmes. Le lien conjugal, base de la famille, n'était pas un objet de raillerie. Dans les comédies d'Aristophane, quand les femmes conspirent contre leurs maris pour les forcer à mettre fin à la guerre du Péloponèse, pas une ne songe à tromper le sien : c'est la première idée qui serait venue à l'esprit de Molière.

Malheureusement, des guerres presque continuelles retardaient pour les jeunes gens l'époque du mariage, et leur interdisaient pendant plusieurs années la vie de famille. Ces premières années de la puberté sont un grand embarras pour le législateur et le moraliste. Il y avait, il est vrai, des courtisanes à Corinthe, et sans doute dans d'autres villes maritimes; Solon en établit même à Athènes, dans l'intérêt de la chasteté des citoyennes : mais elles ne suivaient pas les armées, comme cela eut lieu au moyen âge. Les Doriens, qui subordonnaient tout aux nécessités de la vie militaire, introduisirent dans les mœurs un usage que les gymnases répandirent bientôt dans le reste de la Grèce, celui de ces amitiés passionnées qui éloignaient les jeunes gens de la société des femmes jusqu'à l'époque de leur mariage. Ainsi, pour garantir la pureté d'un sexe, on acceptait la dépravation de l'autre. C'est là, avec l'extension progressive de l'esclavage, le plus grand reproche qu'on puisse faire à la société antique. Il est juste d'ajouter que la perpétuité des guerres fut la principale cause de cette double violation des lois divines.

Le sentiment moral finit par protester, timidement d'abord : Platon condamne dans les *Lois*, œuvre de sa vieillesse, cette amitié dorienne dont il avait lui-même donné la théorie dans ses premiers ouvrages. Après la paix romaine, l'éducation militaire étant abandonnée, les courtisanes devenant plus nombreuses avec les progrès du luxe, l'effet tendit à disparaître avec la cause. On trouve dans Plutarque un écho des réclamations de la conscience publique. Déjà saint Paul s'était élevé avec énergie contre une aberration étrangère aux mœurs juives. La chasteté, qui dans la morale antique était la vertu des femmes, fut élevée par la morale nouvelle au rang qu'occupaient autrefois les vertus politiques. Dans la société chrétienne, son nom est devenu presque synonyme de vertu. Ce que le christianisme demande à l'homme, ce n'est pas seulement cette modération dans les désirs, que l'antiquité nommait la tempérance ou la sagesse (σωφροσύνη), c'est une lutte énergique de l'âme contre la chair, un renoncement absolu à toute volupté. Dans l'idéal chrétien, la chasteté de l'épouse est au second rang, bien au-dessous de la virginité.

Le Dieu des chrétiens naît d'une vierge. Joseph est le protecteur et le gardien de Marie, il n'est pas son véritable époux. Jésus n'a d'autre père que le Père céleste. Dans la famille chrétienne, l'autorité morale n'appartiendra plus au père selon la chair, mais au père spirituel, au prêtre, seul représentant de Dieu. C'est lui qui dirige la conscience de l'enfant et celle de l'épouse ; il connaît des pensées que la femme n'ose avouer à son mari, que la fille n'ose avouer à sa mère. Que sont les liens de la chair et du sang auprès de ce lien d'universelle charité, qui est le royaume de Dieu ? Le chrétien n'a pas plus de famille qu'il n'a de patrie; tous les hommes sont ses frères, enfants comme lui du Père commun, qui est dans le ciel.

« Seigneur, ta mère et tes frères sont là qui te demandent.

— Ma mère et mes frères sont ceux qui écoutent ma parole et qui l'accomplissent. Celui qui ne hait pas son père et sa mère à cause de moi n'entrera pas dans mon royaume. Que chacun prenne sa croix sur ses épaules et me suive.

— Seigneur, permets-moi d'abord d'ensevelir mon père.

— Laisse les morts ensevelir leurs morts et suis-moi. »

Au lieu de se révéler dans la nature comme les anciens Dieux, le Sauveur déclarait que son royaume n'était pas de ce monde. Il annonçait la fin prochaine de ce monde condamné, et il ajoutait : « Malheur aux femmes enceintes et à celles qui enfanteront dans ces jours-là ! » On disait qu'il était venu pour détruire les œuvres de la femme, et que Salomé lui ayant demandé : « Jusqu'à quand mourra-t-on ? » Il aurait répondu : « Jusqu'à quand enfanterez-vous ?[1] » Même en ne prenant pas à la lettre, comme le fit Origène, le mot de l'Evangile sur les eunuques volontaires, il faut bien reconnaître que la vie de famille s'accorde mal avec ce détachement

[1] Clément d'Alexandrie, *Stromates* III, 9. pages 430 et 448 (Wursbourg).

absolu, qui est la perfection chrétienne. Le mariage n'est qu'une tolérance pour la faiblesse humaine. Multiplier la vie, n'est-ce pas semer pour la mort ? Bienheureux ceux qui ont châtré leur cœur pour le royaume de Dieu ! Bienheureuses les vierges, les pâles fleurs du paradis, les fiancées voilées du céleste époux !

Saint Paul, qui vivait dans le célibat, à l'exemple du maître, conseille à ceux qui en auront la force de faire comme lui : « Celui qui n'est pas marié pense aux choses de Dieu, celui qui est marié pense à sa femme et aux choses du monde. La femme non mariée et la vierge pensent aux choses de Dieu, pour être saintes de corps et d'esprit. » Une jeune fille riche et belle, nommée Thécla, entraînée par les prédications de l'apôtre, avait quitté pour le suivre sa famille et son fiancé. C'est une des légendes les plus populaires dans l'église d'Orient. Thécla y fut honorée comme la première des vierges martyres ; on racontait que, pour la punir de la résolution qu'elle avait prise de se consacrer à Dieu, on l'avait exposé nue dans un amphithéâtre ; mais les lions vinrent lui lécher les pieds, sans lever les yeux vers elle, de peur d'offenser sa pudeur.

Il y a dans les idées une logique intérieure qui les pousse à leurs conséquences extrêmes. Les premiers initiateurs reculeraient peut-être devant ces déductions implacables, mais l'élan est donné, la force d'impulsion est irrésistible, et les néophytes, emportés par une aveugle audace dans les routes ouvertes, se précipitent tête baissée dans les fondrières. Après avoir mis le célibat au-dessus de la chasteté conjugale, on devait en venir à condamner absolument le mariage. Tatien, l'ami de saint Justin, déclarait qu'il ne différait en rien de la prostitution. D'autres allaient jusqu'à attribuer à Satan la création de la femme. On trouvait la vie mauvaise et on ne voulait pas la multiplier. Pourquoi préparer une moisson à la mort ? Pourquoi entraîner dans la chute, dans la naissance et le devenir, les âmes indistinctes qui dorment, vierges encore de souillures au sein du Père inconnu ? La volupté n'est qu'un piège des puissances cosmiques, qui veulent nous associer malgré nous à l'œuvre maudite de la génération des êtres. Pour leur échapper et monter au ciel supérieur, l'âme devait déclarer qu'elle n'avait pas semé pour le prince de ce monde, selon une formule d'incantation transmise, disait-on, par saint Philippe et par laquelle on évitait les métempsycoses. Car les enfants sont un lien qui enchaîne les âmes à la terre. Quand le prophète Elie, le patron des ascètes, fut enlevé au ciel sur son char de feu, quelqu'un lui barra le passage : c'était un succube, un démon femelle, qui le retenait au nom de leurs enfants. — Je n'en ai pas, dit-il, j'ai toujours gardé la continence. — As-tu oublié le fantôme qui voltigeait dans tes rêves ? C'était moi [1].

[1] Saint Epiphane, *Panarium*, I, 2, page 46 (Edit. de Bâle).

A Alexandrie, dans ce laboratoire intellectuel où se préparait la transformation des croyances, on n'accueillait pas sans résistance cette apothéose de la virginité, qui devait prévaloir pendant plus de mille ans dans l'idéal moral du genre humain. Je trouve dans un des dialogues d'Hermès Trismégiste une énergique protestation : « Dieu est le bien et le bien est Dieu. Son autre nom est le Père, à cause de son rôle de créateur; car le propre du père est de créer. C'est pourquoi la plus haute fonction de la vie et la plus sacrée est la génération, et le plus grand malheur et la plus grande impiété est de quitter la vie humaine sans avoir d'enfant. Ceux qui manquent à ce devoir sont punis par les démons après la mort. Voici quelle est leur punition : leur âme est condamnée à entrer dans un corps qui n'est ni homme ni femme, condition maudite sous le soleil. Aussi ô Asclépios, n'envie pas le sort de celui qui n'a pas d'enfant, mais plains son malheur en songeant à l'expiation qui l'attend. »

Ce n'est pas impunément qu'on détruit l'équilibre normal de la vie humaine. Toute doctrine excessive entraîne une réaction en sens inverse. Les excès de l'ascétisme devaient avoir pour contre-partie ces aberrations impures qui, selon l'expression des Pères, déshonoraient le nom chrétien parmi les nations. La communauté des femmes était pratiquée dans plusieurs sociétés chrétiennes, notamment parmi les Nicolaïtes contre lesquels saint Jean s'élève plusieurs fois dans l'Apocalypse. Ils se rattachaient à Nicolaos, un des sept diacres de l'Eglise primitive où il avait été préposé à la direction des veuves. Il passait pour très jaloux de sa femme qui était fort belle. Les apôtres lui reprochaient l'excès de sa passion et lui rappelaient qu'on ne peut servir deux maitres. Il amena sa femme au milieu de l'assemblée, déclarant que celui qui la voulait pouvait la prendre. Les disciples de Nicolaos tirèrent de cette action des conséquences fort éloignées de la pensée de leur chef, selon Clément d'Alexandrie [1], qui cherche en même temps à justifier le mot attribué à ce même Nicolaos : « Il faut abuser de la chair. » Cela signifiait selon lui qu'il fallait dompter la chair, la traiter en esclave ; mais la plupart de ceux qui répétèrent cette parole l'entendirent tout autrement et soutenaient qu'avant de renoncer à la volupté, il fallait s'y être abandonné sans mesure pour la mieux connaître. C'était une rançon qu'il fallait payer aux anges démiurgiques.

La communion universelle dans le sens d'une communauté absolue des biens et des femmes était présentée comme la suprême expression de la justice par le jeune Epiphane [2], qui mourut

[1] Clément d'Alexandrie, *Stromates*, III, 4. pages 408, 410. (Edition de Wurzbourg, 1779).

[2] Il ne faut pas le confondre avec saint Epiphane, auteur d'une réfutation des hérésies.

à dix-sept ans et à qui les Képhallèniens élevèrent un temple où on lui offrait des sacrifices à la nouvelle lune : « La justice de Dieu, disait-il dans son langage enthousiaste, c'est la communion dans l'égalité. Le ciel s'étend également sur toutes choses et enveloppe toute la terre, la nuit montre partout également ses étoiles, le père du jour, le soleil de Dieu, distribue à tous son impartiale lumière sans distinguer ni le riche, ni le pauvre, ni le prince du peuple, il ne connaît ni ignorants, ni sages, ni mâles, ni femelles, ni libres, ni esclaves, il n'écarte même pas les animaux sans raison. Il brille d'en haut sur les vivants ; sur les bons et les mauvais il répand sa justice, sans que nul puisse usurper la part de son prochain pour s'attribuer une double part de lumière. » Passant ensuite en revue toutes les formes de la vie à la surface de la terre, Epiphane montrait tous les êtres appelés sans distinction au grand banquet de la nature et suivant dans leur nourriture et leur reproduction cette grande loi de communauté égalitaire instituée pour tous sans préférence par leur père commun. « Les lois humaines, continuait-il, sont la source de toute injustice ; en instituant la propriété elles ont brisé la loi divine de la communion. Comme dit l'apôtre, c'est par la loi que j'ai connu le péché. La distinction du mien et du tien a remplacé la jouissance commune de la terre et de ses fruits, des richesses et du mariage. Les vignes, le blé, toutes les autres plantes qui portent des fruits ne les refusent ni aux passereaux ni aux voleurs, mais la violation de la communauté naturelle a entraîné le vol des fruits et des troupeaux. Enfin Dieu avait établi pour l'homme et pour tous les animaux la communion des mâles et des femelles, il les avait unis par ce lien universel, révélation de sa justice, la communauté égalitaire. Mais les hommes ont renié cette communion, source de leur naissance. Ils disent : que chacun possède une seule femme, quand toutes pouvaient être communes à tous, comme nous l'enseignent tous les autres êtres vivants [1]. »

On ne peut s'étonner que l'autorité romaine ait vu un danger social dans de telles doctrines. Du sein même de l'Eglise il s'élevait contre elles des protestations énergiques. Mais les Romains, qui n'avaient aucune idée de l'orthodoxie et de l'hérétodoxie, ne connaissaient les sociétés chrétiennes que par leurs accusations réciproques. C'étaient de véritables sociétés secrètes et il est très difficile de savoir ce qui s'y passait. Saint Irénée en parle d'après les aveux que lui auraient faits des femmes effrayées de l'abîme de perdition ou elles avaient été entraînées [2]. Toutes les histoires de promiscuité dans les agapes, d'avortements, d'infanticides et même d'anthropophagie, répétées depuis par les païens, se trou-

[1] Clément d'Alexandrie, *Stromates* III, 2, pages 390, 392 (édition Wurzbourg, 1779).

[2] Saint Irénée, *Contre les hérésies*, 1, page 13 a et b..

vent dans les Pères de l'Eglise. Saint Epiphane parle de débauches tellement monstrueuses que la délicatesse de notre langue se refuse à les indiquer, même par allusions [1]. Il est bien difficile d'admettre de si odieuses accusations, surtout quand elles s'adressent non seulement à quelques sectes infimes et obscures, mais à toutes ces grandes écoles de la gnose chrétienne qui occupent une place si importante dans l'histoire de la pensée humaine, pour avoir abordé le redoutable problème du mal avec une audace qui n'a jamais été dépassée. Les mêmes accusations ont été reproduites plus tard contre les Manichéens, et au moyen âge contre les Albigeois, les Templiers et bien d'autres. Nos luttes politiques nous ont appris à quel point il faut se défier de la crédulité des partis, et la réserve est surtout nécessaire quand les vaincus ne sont plus là pour se justifier [2].

Clément d'Alexandrie, bien mieux placé que saint Irénée et saint Epiphane pour connaître les sectes dont il parle, est aussi bien moins violent dans ses attaques. Le terme de gnostique est toujours appliqué dans ses ouvrages au philosophe chrétien, seulement, il distingue les vrais gnostiques de ceux qu'il nomme les faux

[1] Saint Epiphane, *Panarium*, 1, 2, pages 42 et 43.

[2] L'auteur des *Philosophumènes* (Origène ou Saint Hippolyte), qui donne de si précieux détails sur les formes multiples de la mythologie chrétienne, ne dit presque rien de la morale des écoles gnostiques.

gnostiques et qu'il combat avec assez de modération. Il en dit bien assez cependant pour montrer qu'au milieu de cette effervescence de systèmes métaphysiques et de théories morales qui remplit les premiers siècles du christianisme, les plus graves désordres se produisaient à côté de toutes les exagérations de l'ascétisme. Entre ces deux excès, le bon sens, qui finit toujours par triompher, est représenté par la grande assemblée, par l'Eglise. A mesure que les habitudes administratives et unitaires des Romains s'introduisirent dans le gouvernement intérieur de la société chrétienne, le mot d'hérésie, qui signifie simplement opinion de choix, devint synonyme d'erreur. On se renvoyait mutuellement ce reproche d'hérésie, chacun donnant son opinion comme la seule conforme aux traditions apostoliques, et, de part et d'autre, on s'attribuait le titre de véritable chrétien. Il n'est donc pas étonnant que ce nom ait été frappé de défaveur parmi les païens qui n'avaient aucun moyen de distinguer les vrais gnostiques des faux gnostiques ; ils entendaient parler de doctrines immorales sapant les bases de toute société. Ces doctrines étaient attribuées à des chrétiens par d'autres chrétiens ; fatigués du bruit des querelles auxquelles ils n'étaient pas habitués, les païens regardaient les uns et les autres comme la lie de l'espèce humaine et les confondaient tous dans un même dégoût.

III

La Grèce antique n'avait jamais connu les disputes ni les persécutions religieuses. Rome admettait tous les cultes dans son panthéon, comme elle enveloppait tous les peuples dans la cité romaine ; mais la tolérance des Romains ne pouvait s'étendre à ceux qui menaçaient la paix publique. Les querelles incessantes des chrétiens et des juifs troublaient le repos de Rome dès le temps des Césars qui les chassèrent d'Italie. Ils furent obligés de se cacher, de se réunir dans l'ombre. Les empereurs n'aimaient pas les sociétés secrètes. Il courait de mauvais bruits sur les réunions nocturnes des chrétiens. Un mot qu'ils répétaient souvent : « Le Christ nous a affranchis par sa mort du joug de la loi », donnait lieu à bien des équivoques. Dans le sens juif, la loi, c'était l'ensemble des prescriptions mosaïques, principalement la circoncision et l'abstinence de certaines viandes. La loi, pour les Grecs, c'était la morale naturelle ; s'en affranchir, c'était déclarer que tous les actes étaient indifférents. Il y avait des écoles de philosophie chrétienne qui ne reculaient pas devant cette explication et qui déclaraient que les élus ne pouvaient plus pécher ; puisqu'ils étaient rachetés, tout leur était permis. Aux yeux des Romains, qui ne connaissaient que la loi de l'empire, ceux qui se mettaient hors la loi n'avaient plus droit à sa protection, c'étaient des ennemis publics, des malfaiteurs.

La douceur n'était pas le caractère dominant des Romains. Ils faisaient combattre leurs prisonniers de guerre dans les amphithéâtres ; c'était leur permettre de mourir en soldats au lieu de vivre en esclaves. A ces gladiateurs, on joignait de temps en temps, pour faire nombre, des coupables tirés des prisons publiques, et on croyait leur faire beaucoup d'honneur. Si on avait dit aux empereurs que, parmi ces malheureux qu'ils livraient aux bêtes dans les cirques, il y en avait quelques-uns, les plus méprisés de tous, qui deviendraient l'objet de la vénération des hommes, ils n'auraient pu le croire. Il leur semblait qu'en réprimant une faction immorale et dangereuse, ils ne faisaient que donner une satisfaction légitime à la conscience publique. S'il y avait quelque part une inondation ou une mauvaise récolte, le peuple s'en prenait aux impies dont les mœurs attiraient sur le pays la colère divine. Un gouverneur de ville ou de province n'avait pas toujours assez de fermeté pour prendre la défense de quelques hommes qui ne cessaient d'annoncer la ruine de l'empire et semblaient se réjouir de tous les désastres. Quand Trajan écrivait à Pline de ne les juger que sur leurs propres aveux, il se croyait sans doute parfaitement en règle avec la justice, puisqu'il ne punissait que ceux qui se mettaient en révolte ouverte contre la loi.

Le christianisme ne se recrutait pas uniquement dans les couches inférieures de la société ; par les affranchis et surtout par les femmes, il pénétrait dans les familles patriciennes et jusque dans le palais des empereurs. Poppée, la maîtresse de Néron et plus tard sa femme, était très favorable aux juifs qui, à cette époque, étaient confondus avec les chrétiens. Gibbon croit que la persécution des chrétiens sous Néron a pu être excitée par les intrigues des juifs protégés par Poppée.

Les influences du palais pouvaient être une source de protection pour une secte et un grand danger pour les sectes rivales, comme on le vit plus tard sous les empereurs chrétiens. Si quelque haut personnage ou un membre de famille impériale devenait suspect et qu'on découvrît qu'il était affilié à une société secrète, la colère du maître s'étendait sur la secte tout entière. La nièce de Domitien, Flavia Domitilla, étant tombée en disgrâce, fut reléguée dans l'île de Pandataria ; le consul Clément, son mari, homme très nul, suivant Suétone, fut mis à mort sur un léger soupçon. D'après Xiphilin, abréviateur de Dion Cassius, on condamna aussi, à cette occasion, beaucoup de gens qui avaient adopté les mœurs juives. Le souvenir récent de la guerre de Judée donnait à cette accusation un caractère politique. Domitien fut assassiné un mois après par Étienne, intendant de Domitilla. Xiphilin parle aussi d'une maîtresse de Commode, nommée Marcia, qui était fort attachée aux chrétiens et leur fit beaucoup de bien. Elle épousa Electus, un des chambellans du palais, et tous deux conspirèrent contre l'empereur et l'assassinèrent.

Sous les princes syriens, les mœurs de l'Asie envahirent l'empire livré à des gouvernements de femmes, à des intrigues de harem. A chaque changement de règne, c'était une marée montante de religions sensuelles ou lugubres, délirantes ou ascétiques. Héliogabale entreprit de fondre tous les cultes, y compris ceux des juifs, des samaritains et des chrétiens en les soumettant à la suprématie du Dieu syrien, dont il était le prêtre. Alexandre Sévère plaça dans son oratoire les statues d'Abraham, d'Orphée, d'Apollonios de Tyane et de Jésus-Christ. Sa mère Mammée eut des entrevues avec Origène ; on vit des évêques à la cour. Les chrétiens tinrent leurs assemblées dans les édifices publics, aussi furent-ils enveloppés dans les colères de Maximin, contre les partisans de la dynastie syrienne ; mais quelque temps après, ils furent l'objet d'une faveur si déclarée de la part de Philippe l'Arabe, que cet empereur a été quelquefois regardé comme chrétien. Sa femme, sa nièce et lui-même étaient en correspondance avec Origène. Le règne de Décius fut une réaction violente des mœurs et des traditions romaines contre cette invasion des doctrines orientales. L'Église passa par ces alternatives de persécution et de tolérance, ou même de faveur, jusqu'aux dernières années du règne de Dioclétien. Alors, tandis que Constance Chlore protégeait les chrétiens en Occident, Galérius, inquiet de leurs progrès en Orient où ils étaient beaucoup plus nombreux, suscita contre eux cette fameuse persécution, dont il est aisé de reconnaître le caractère politique et qui a fait nommer cette époque l'ère des martyrs.

Parmi les chrétiens, c'étaient précisément ceux dont on incriminait les mœurs qui échappaient le plus facilement à la persécution. Tandis que les sectes les plus austères, comme les marcionites, les montanistes, couraient au devant du martyre, soit en se dénonçant aux magistrats, soit en brisant les statues des Dieux ou en insultant les cérémonies du culte public, d'autres sectes, les plus mal notées dans les écrits des Pères, soutenaient que proclamer ses croyances en face des juges, c'était divulguer ce qui devait être caché aux profanes. Les principales écoles de la gnose essayaient de fondre toutes les mythologies dans le christianisme et le regardaient comme le couronnement de toutes les traditions religieuses. En se plaçant à ce point de vue, on pouvait, sans apostasie, faire acte de soumission à la religion de l'empire, et si une pareille opinion avait prévalu, il n'y aurait eu ni querelles religieuses, ni persécution. C'est ce qui serait peut-être arrivé, si Alexandre Sévère avait eu un peu de prévoyance politique et d'énergie, ou si Constantin avait été initié au christianisme par quelque docteur gnostique. Mais il n'imagina rien de mieux que d'imposer à tout le monde sa manière de voir. Il persécuta tour à tour les ariens et leurs adversaires et gouverna despotiquement l'Église sous prétexte de la protéger.

Les Pères ont souvent répété que la persécution avait augmenté le nombre des fidèles, *Sanguis martyrum semen christianorum.* Cependant la destruction du paganisme sous les successeurs de Constantin, le massacre des albigeois au moyen âge, l'inquisition espagnole, les dragonnades de Louis XIV suffisent pour montrer qu'une persécution violente, générale et longtemps prolongée atteint malheureusement son but. Mais les empereurs ne proscrivirent le christianisme que par intervalles. Les martyrs, selon Origène, étaient peu nombreux et faciles à compter. La persécution de Dioclétien, qui fut de beaucoup la plus importante, ne dura pas longtemps, et dans les provinces gouvernées par Constance Chlore, il était facile de s'y soustraire. Gibbon croit pouvoir établir que le nombre des martyrs qui, en trois siècles, dans toute l'étendue de la monarchie romaine, subirent le dernier supplice, n'a pas égalé celui des protestants exécutés sous un seul règne et dans la seule province des Pays-Bas où, selon Grotius, plus de cent mille des sujets de Charles-Quint périrent de la main du bourreau. Mais les calculs de ce genre manqueront toujours de base.

A partir de Constantin, les conditions d'existence du christianisme furent changées. Tous ceux qui aspiraient aux honneurs et aux dignités s'empressèrent d'adopter les croyances du maître. Les fonctions ecclésiastiques devinrent avantageuses et lucratives, et les Pères reconnaissent que l'Eglise perdit en pureté ce qu'elle gagna en puissance et en richesse. Tous ceux qui avaient abjuré pendant la persécution demandèrent à être reçus au milieu des fidèles, et il se produisit des schismes au sujet des conditions qu'on devait leur imposer. En même temps, le nombre de ceux qui prétendaient au titre de martyr se multiplia outre mesure. Le temps des persécutions fut considéré comme un âge d'or et devint le thème d'une profusion de légendes entre lesquelles il est difficile de faire la part de l'histoire. Au lieu de rejeter, au nom de la critique historique, ces récits d'expositions aux bêtes, de supplices et de tortures qui sont la tradition héroïque du christianisme, on pourrait y chercher la part de vérité qu'on a droit de demander à toutes les mythologies. Ils représentent exactement l'état des esprits au moment de la formation des croyances. Ils traduisent par des images violentes cette idée qui est la base de la morale du christianisme, la rédemption par la douleur et par la mort. La vie terrestre est une arêne sanglante où l'âme humaine livre contre le monde extérieur et contre elle-même ces grands combats dont le ciel est le prix. Les lions dévorants sont les passions déchaînées. Les puissances du monde qui montrent au fidèle, d'un côté le bourreau, de l'autre les voluptés et les richesses pour prix de l'apostasie, ce sont les démons de la chair qui assiègent la conscience des saints.

Donner sa vie pour ce qu'on croit bon et juste, a toujours été et sera toujours le plus haut degré où puisse atteindre la vertu de l'homme. L'antiquité l'avait proclamé avant le christianisme ; les héros antiques mouraient pour la cité, le chrétien doit mourir pour son Dieu qui est mort pour lui. Le dévouement à la patrie a plus d'utilité sociale, mais la patrie n'existe que pour les peuples libres, et puis c'est surtout aux hommes qu'elle demande le sacrifice de leur vie. Si le christianisme a conquis la femme, c'est parce qu'il l'a appelée à l'honneur du martyre. Nous n'avons eu des femmes républicaines qu'à l'époque où nous les faisions monter sur l'échafaud. La Révolution a rendu au monde le type perdu de la femme antique. Quand Camille Desmoulins prêche la clémence, Lucile l'encourage dans cette voie héroïque, bien que l'échafaud soit au bout. Puis elle y monte avec lui, simplement, sans emphase, dans la paix de l'amour et du devoir.

A l'ardeur des convictions religieuses qui entraînait les chrétiens vers le martyre, se joignait chez quelques-uns le dégoût d'une vie misérable, chez d'autres le remords d'une jeunesse flétrie, le besoin d'une régénération par le baptême de sang qui lave les souillures. Cette aspiration vers la mort allait quelquefois jusqu'à la frénésie. Il y eut dans le nord de l'Afrique des insensés qui suppliaient les juges de les envoyer au supplice. Ils arrêtaient les voyageurs sur les routes, se faisant donner la mort à prix d'argent, et menaçant de tuer ceux qui refusaient de leur infliger le martyre. Quelques-uns s'élançaient du haut des rochers, en présence de leurs parents et de leurs amis qui les honoraient comme des saints. On montrait plusieurs précipices devenus fameux par le nombre de ces suicides. Il y en avait d'autres sur les confins de l'Arabie, au-delà du Jourdain, qui ne poussaient pas si loin la haine de la vie. Ils se contentaient d'une mutilation volontaire, à l'exemple d'Origène. On les accusait même de mutiler ainsi, non-seulement leurs disciples, mais leurs hôtes, et jusqu'aux gens qu'ils rencontraient sur les grands chemins, pour les délivrer des tentations de la volupté [1]. Les faits de ce genre ont bien pu être exagérés par une crédulité malveillante, mais il est difficile de les rejeter entièrement. Ils ne sont que l'expression excessive des sentiments et des idées qui préoccupaient les esprits à cette époque.

Le christianisme cherchait la forme pratique

[1] Saint Epiphane, II, page 213.

de sa morale ; il a pu s'égarer avant de découvrir sa véritable voie. Il la trouva enfin dans la vie monastique. D'après les historiens ecclésiastiques, des chrétiens se seraient retirés dans les solitudes de l'Égypte pour échapper à la persécution. On sait cependant par Philon qu'il y avait des monastères de thérapeutes près d'Alexandrie avant la prédication du christianisme. Eusèbe suppose arbitrairement que les thérapeutes étaient des chrétiens. Il se peut que la propagande évangélique, trouvant là un terrain tout préparé, ait transformé ces monastères juifs en communautés chrétiennes, mais on n'en a aucune preuve. Les institutions pythagoriciennes, peut-être aussi les prédications bouddhistes qui s'étendaient très loin, ont pu préparer le développement de la vie cénobitique, mais les légendes chrétiennes sur les anachorètes ne remontent pas au-delà du temps de Dioclétien. Les chrétiens des premiers siècles n'avaient pas le temps de se livrer à la vie contemplative. Ils s'occupaient d'élaborer leurs dogmes, de régler la discipline intérieure de l'Eglise, et par-dessus tout de faire des prosélytes, car ils étaient persuadés que le triomphe du christianisme amènerait une ère de paix et de bonheur pour le genre humain.

La conversion de Constantin fit évanouir ces brillantes espérances. « Maintenant, dit Sulpice Sévère, tout est troublé par les discordes des évêques ; partout la haine et la faveur, la crainte, l'inconstance, l'envie, l'ambition, la débauche, l'avarice, l'arrogance, la paresse ; c'est une corruption générale. » M. Amédée Thierry a tracé, d'après les écrivains ecclésiastiques, un tableau peu séduisant de la société chrétienne au quatrième et au cinquième siècle. Malgré les avantages de toutes sortes qui récompensaient la conversion au christianisme sous les empereurs chrétiens, on comprend l'attachement du sénat et du peuple de Rome pour les souvenirs de la religion nationale, quand on songe à ces perpétuelles discordes qui faisaient dire à Ammien-Marcellin : « Les animaux les plus sauvages sont moins à craindre pour les hommes que les chrétiens les uns pour les autres. » Saint Grégoire de Naziance parle de l'arrogance et du faste insupportable des prélats, devant qui la foule s'écartait comme devant des bêtes féroces. Quant aux clercs, on les voyait, parfumés et frisés comme des histrions, rôder sans cesse chez les femmes et vivant de leurs libéralités. On fut obligé de faire une loi pour les empêcher de quêter les héritages : « Je ne me plains pas de cette loi, dit saint Jérôme, je me plains que nous l'ayons méritée. Un fer chaud est bon dans une plaie, le mal est d'en avoir besoin. » Il fait une peinture tout aussi peu flattée des matrones, des veuves, des vierges « qui attirent à leur suite, par des regards dérobés, un essaim de jeunes gens... qui circulent, oisives et curieuses, dans les maisons des matrones, sans pudeur au front, sans retenue aux lèvres... L'ivrognerie est le moindre de leurs vices : elles ne savent que faire, conseiller, insinuer le mal. »

On avait supporté le spectacle de l'orgie romaine, mais voir l'Eglise elle-même souillée, avoir rêvé le royaume de Dieu sur la terre, et au lendemain de la victoire voir l'abomination dans le lieu saint, assister au spectacle des discordes de l'enfer, c'était trop. Il fallait partir, se réfugier dans les cavernes, loin du tumulte abhorré de la vie, marcher à la conquête du ciel. Ils s'en vont, pieds nus, un bâton à la main, parmi les épines et les ronces, sous l'ardent soleil de la Thébaïde. Ils avancent à travers les grandes plaines de sable, respectés par les hôtes étranges du désert. Des kentaures leur indiquent la route, des satyres leur offrent des herbes pour se nourrir et leur demandent leurs prières [1]. Mais tous les fantômes du passé, tous les spectres pleurés du bonheur et du monde les attendent au milieu du muet recueillement des solitudes. La vie était si douce, autrefois, sous le ciel de la Grèce, sous le calme regard de nos Dieux indulgents ! Maintenant la volupté est maudite, la toute-puissante, l'irésistible qui nous souriait sur l'écume des vagues. Elle est maudite, la mère féconde, la grande nature. Et les puissances du monde, les Dieux de la vie universelle, apparaissent trans-

[1] Saint Jérome. *Vie de Paul l'Ermite.*

formés en démons irrités pendant les longues nuits pleines de tentations. Redoublez d'austérités pour éteindre la fièvre du désir, broyez la chair condamnée sous la macération et le jeûne, déchirez-la sous le fouet des disciplines, sous les griffes de fer. Courage, aux armes, à la prière ! Dieu enverra ses légions d'anges au secours de ses saints. La lutte touche à son terme, voici le jour qui dissipe les visions de la nuit impure, l'enfer est vaincu. Ceignez l'auréole d'or, cueillez les palmes immortelles, le ciel va s'ouvrir, le ciel serein de la conscience, et le corps crucifié sera transfiguré dans la gloire, et l'âme victorieuse s'endormira dans la paix reconquise, dans l'éternelle contemplation de son Dieu.

Les monastères se multiplièrent rapidement d'abord en Egypte et en Syrie, puis dans les autres provinces de l'empire. Les cénobites, qui vivaient en commun à l'exemple des anciens thérapeutes, habitaient de petites huttes, couchaient sur un paillasson ou sur des feuilles de palmier, et se nourrissaient de graines et de racines. Il y en avait qui, par humilité, broutaient l'herbe des champs avec les troupeaux. Ils ne se lavaient le corps qu'en cas de maladie. La première règle de la vie monastique était la soumission absolue à l'abbé qui dirigeait la communauté. Un moine reçut l'ordre d'arroser tous les jours un bâton planté en terre : au bout de trois ans le bâton donna des branches et des feuilles.

Dieu glorifiait ainsi la vertu d'obéissance. Ceux qui ne trouvaient pas cette discipline assez dure vivaient absolument seuls dans des grottes ou des carrières abandonnées. On les nommait ermites : c'étaient les plus estimés de tous. Les légendes de saint Paul l'Ermite, de saint Antoine et de saint Hilarion, devinrent bientôt aussi populaires que celles des martyrs. Ils chassaient les démons, guérissaient les malades et ressuscitaient les morts. Leur charité s'étendait aux animaux, compagnons de leur solitude ; l'un partageait son repas avec une louve, l'autre rendait la vue à des lionceaux aveugles. Saint Paul était nourri par un corbeau; quand il mourut deux lions creusèrent sa fosse avec leurs griffes [1].

Les austérités de ces anachorètes égalaient celles des solitaires de l'Inde. Saint Siméon Stylite ne mangeait qu'une fois par semaine et pas du tout pendant le carême. Il resta trente ans enchaîné sur le haut d'une colonne, prenant les postures de dévotion les plus fatigantes ; quelquefois il passait des journées à courber son corps et à le redresser, baissant chaque fois sa tête jusqu'à ses pieds. Un spectateur compta douze cent quarante-quatre répétitions de ce geste. Les femmes n'approchaient pas de sa colonne ; il ne permit pas même à sa mère de le voir ; seule-

[1] Sulpice Sévère, *Dialogue*, I, 9, 13 et Saint Jérome. *Vie de saint Paul l'Ermite*.

ment, lorsqu'il apprit qu'elle était morte, il pria pour le repos de son âme.

Les ascètes prenaient dans le sens le plus littéral les passages de l'Evangile qui commandent le renoncement aux affections de famille. « Songe, écrit saint Jérôme à son ami Héliodore, qu'être cruel pour les siens au nom du ciel, c'est être vraiment pieux, c'est sauver avec soi ceux qu'on aime.... J'ai connu, comme toi, les épreuves, les séparations, les déchirements de l'âme. Je vois d'ici ta sœur se suspendre à ton cou, te retenir par ses embrassements, t'empêcher de partir. Non loin de là se tiennent les esclaves qui t'ont vu naître et grandir. Ils te crient : « A quel maître vas-tu nous laisser? » Puis c'est ta nourrice cassée de vieillesse ; ton précepteur qui eut pour toi des soins de père ; ils te remontrent que quelques jours à peine leur restent à vivre : « Que ne les laisses-tu mourir d'abord. » Ta mère aussi veut opposer à ton départ une sainte barrière, sa face ridée par les ans, et cette poitrine, aujourd'hui désséchée, où tu puisas la vie ; elle fredonne, pour t'arrêter, ces mêmes chants dont le murmure t'endormait dans ton berceau. Ami, bouche-toi les oreilles et fuis. Tu me diras, sans doute, que l'Esprit saint nous ordonne d'obéir à nos parents. Oui, mais il nous enseigne aussi que les aimer plus que le Christ, c'est renoncer au Christ. Si nos proches croient véritablement, ils nous soutiendront; s'ils ne croient pas, nous dirons avec l'Esprit saint : « que les morts ensevelissent leurs morts».

L'ami auquel saint Jérôme écrivait d'une manière si pressante pour l'entraîner au couvent de Chalcide, où il était lui-même, avait déjà mis sa chasteté à l'abri de tout danger par une multilation volontaire. Mais la virginité du corps ne suffisait pas à la ferveur de cette époque, si l'âme ne brisait en même temps tous les liens qui l'enchaînaient à la terre. Un jeune homme, qui avait quitté sa femme et son fils unique pour se retirer au désert, veut les revoir pour les arracher à la vie du siècle et les décider à suivre, comme lui, la voie du salut. L'abbé cherche en vain à le retenir ; il part, cédant, dit Sulpice Sévère, à une inspiration diabolique. Mais, à peine sorti du couvent, il est saisi par le démon ; on est obligé de le ramener, chargé de chaînes, au monastère, « où son exemple enseigne aux autres à ne pas se laisser tromper par l'ombre d'une fausse justice [1] ».

Sulpice Sévère raconte une autre histoire du même genre, celle du moine Malchus. Il était fils unique, et avait quitté de bonne heure ses parents qui voulaient le marier. Apprenant que son père est mort, il veut aller consoler sa vieille mère et ensuite partager son héritage entre les pauvres et son couvent. En vain l'abbé lui dit que c'est là une tentation du diable qui

1 Sulpice Sévère. *Dialogue I*, 15.

cache ses embûches sous un prétexte honnête et que la brebis qui sort du bercail deviendra la proie des loups. Malgré cet avis, Malchus persiste et part, mais il est pris par des Sarrazins qui le font esclave. Il a pour compagne de servitude une jeune femme à qui son maître veut le marier. Obligé d'obéir malgré sa répugnance, il songe au suicide, car il vaut mieux tuer le corps que l'âme. Mais sa femme, qui s'aperçoit de son dessein, lui apprend qu'elle-même est chrétienne et qu'elle était décidée à mourir plutôt que de renoncer à la continence. Tous deux parviennent à s'échapper. Ils se réfugient dans la caverne d'une lionne qui se jette sur un des hommes envoyés à leur poursuite. Enfin, montés sur des chameaux qu'ils rencontrent, ils arrivent à travers le désert à un camp romain : Malchus retourne à son monastère et sa femme se retire parmi les vierges. Saint Jérome les vit tous les deux dans une extrême vieillesse, habitant la même cabane et entourés de la vénération publique [1].

L'ascétisme des moines de la Thébaïde est regardée aujourd'hui comme une aberration malsaine. L'art et la littérature font l'apothéose de la chair, et cela durera jusqu'à ce qu'il se produise une réaction de dégoût, comme sous le bas empire romain. Cette réaction ne s'est pas mani-

[1] Saint Jérome, *Vie du moine captif Malchus.*

festée seulement dans le Christianisme. Il y a dans l'atmosphère, d'une époque des idées errantes qui se propagent par des voies inconnues, et l'histoire constate la diffusion des mêmes épidémies intellectuelles dans des camps opposés. La morale philosophique et la morale chétienne s'accordaient pour enseigner le mépris de la matière. Comme on demandait à Plotin de laisser faire son portrait, il répondit : « C'est déjà bien assez humiliant d'avoir un corps sans en perpétuer le souvenir. »

Ce spiritualisme exalté fut professé à Alexandrie par une belle jeune fille nommée Hypatia. Elle était fille du philosophe Théon, et continuait le cours de son père. Un de ses auditeurs devint amoureux d'elle et lui déclara sa passion. Elle le traita comme un malade, et pour cautériser au fer rouge la blessure qu'elle avait faite, elle surmonta les coquetteries et les réticences de son sexe et flétrit cruellement, aux dépens d'elle-même, les turpitudes de la chair : « Pauvre fou, dit-elle, tu me fais pitié. Les rêves du désir sont-ils plus vrais que ceux du sommeil ou de l'ivresse ? Tu fais des serments d'amour éternel, comme s'il y avait de l'éternité dans la sphère de l'illusion et du devenir. Si tu pouvais me voir, dans un miroir magique, telle que je serai dans cinquante ans, tu serais écœuré. Mais tu n'as pas besoin de penser aux laideurs de la vieillesse pour rougir de ta folie : je vais évoquer les hontes qui sont le stigmate de la vie terrestre.

Je suis humiliée quand j'y pense, mais je veux tuer ton amour aux dépens de mon orgueil. Oui, Lucrèce a raison; celle que tu compares à une fleur, si tu passais tout un jour près d'elle, il y a un moment où elle te soulèverait le cœur : *et miseram tetris se suffit odoribus ipsa*. C'est laid, répugnant et ridicule. Et voilà ce que tu adores, Archytas, la matière, cette pourriture, avec ses sécrétions, ses déjections et son infection ? Pauvre fou, tu me fais pitié. »

Il répondit : « Ce n'est pas la matière que j'adore, c'est la forme. Homère dit que la beauté est un présent des Dieux; Platon dit que c'est a révélation éclatante du divin. Pour convaincre, elle n'a qu'à paraître; il n'y a devant elle ni sceptiques, ni athées : on ne discute pas, on tombe à genoux.

— « La beauté, dit-elle, c'est un piège des Puissances cosmiques pour nous employer à leur œuvre créatrice en faisant descendre les âmes dans la naissance. Les âmes sont des étincelles du feu céleste tombées de la voie lactée dans les eaux fangeuses de la matière. Elles ont bu l'ivresse de la vie dans la coupe de Dionysos, et alors, les folles ! elles se changent en désirs ailés et elles voltigent, dans un rayon de printemps, des lèvres du jeune homme aux lèvres de la jeune fille, et elles nous supplient de les cueillir dans un baiser pour leur donner un corps. Non, laissons-les dans leur ciel, dans la bienheureuse république des Dieux. A peine au-dessous de la lune, leur ivresse va se dissiper, et elles regretteront la céleste patrie. Mais il est trop tard; leurs ailes se sont desséchées aux miasmes de la terre. Captives dans la prison du corps, elles comprennent que la naissance est une souillure et sous le voile mystique de la pudeur elles cachent la honte de leur incarnation. Il faut qu'elles expient l'erreur sensuelle d'avoir voulu naître, et qu'elles luttent sans trêve dans cette arène de la vie où la peine est la rançon du plaisir, car elles ne peuvent plus remonter aux étoiles que par le chemin escarpé de la douleur, du sacrifice et de la mort. »

L'enseignement spiritualiste d'Hypatia était pour l'église chrétienne une concurrence dangereuse. L'évêque d'Alexandrie, saint Cyrille, ameuta contre la jeune fille une troupe de fanatiques qui la traînèrent dans les rues et la déchirènt à coups de couteau.

Il s'établit dans l'Eglise un usage qui fut aussi une source de scandales. Des vierges chrétiennes, oubliant que celui qui cherche le danger périra, ne craignaient pas de partager leur lit avec des diacres et se vantaient de triompher du démon de la chair. Saint Cyprien condamne cette conduite et approuve l'excommunication des diacres qui vivaient avec des vierges; quant à celles-ci, il leur conseille de se marier plutôt que de s'exposer aux feux de l'enfer. Le concile d'Ancyre défend aux vierges de loger avec des hommes sous le nom de sœurs[1]. On les nommait aussi Agapètes, c'est dire *bien-aimées*. Plus d'un siècle après saint Cyprien, cette plaie existait encore et déshonorait le christianisme aux yeux des païens. « Je ne saurais dire sans rougir, écrit saint Jérôme, tant la chose est criminelle et honteuse, si vraie qu'elle soit pourtant, comment s'est introduite dans l'église la peste des Agapètes, d'où est venu cet étrange nom d'épouse sans mariage, ce nouveau genre de concubines, ou pour parler plus nettement, cette classe de prostituées d'un seul homme. Elles cohabitent avec des clercs et n'ont à deux qu'une seule maison, une seule chambre à coucher, souvent même un seul lit, et si nous y trouvons à redire, on nous accuse d'être soupçonneux. »

Selon saint Epiphane, les rapports des *bien-aimées* et des clercs étaient condamnés comme une hypocrisie par certains moines qu'il nomme les origéniens ou les infâmes, et auxquels il renvoie le reproche d'immoralité. Il ne sait pas, dit-il, si le nom d'origéniens leur vient du grand Origène ou d'un autre : quant au titre d'infâmes qu'il leur donne, il le justifie par des détails qu'il est impossible de reproduire[2]. On trouve une accusation semblable portée contre les moines en général dans le *Livre d'Adam*, qui est le livre sacré d'une secte religieuse

[1] Fleury. *Histoire ecclésiastique*, *II*, liv. VII, page 288 et III, liv. X, p. 46.

[2] Saint Epiphane, *Panarium* II, 1, page 226.

encore existante. Au moyen âge et surtout depuis la réforme, on a dit beaucoup de mal des couvents, et on ne doit pas s'étonner que, dès l'origine, la vie monastique ait trouvé des adversaires au sein même de l'Église. Les prêtres devaient voir avec inquiétude les progrès rapides de cette institution rivale qui prétendait à une perfection supérieure. Mais l'opinion publique était favorable aux moines dont la discipline sévère contrastait avec le faste et l'avidité des prêtres et des évêques.

Le zèle sauvage avec lequel les moines s'acharnaient à la destruction des temples, des statues et de tous les monuments de la civilisation, devait les rendre particulièrement odieux aux derniers païens : « Quels sont, dit Libanius, les destructeurs de nos temples ? Ce sont des hommes vêtus de robes noires, qui mangent plus que des éléphants, qui demandent au peuple du vin pour des chants et cachent leurs débauches sous la pâleur artificielle de leurs visages. » Après avoir raconté le pillage et la destruction du grand temple de Sarapis, sous Théodose, Eunapios ajoute qu'on établit dans ce lieu sacré « ce qu'on nomme des *moines* hommes par la forme, pourceaux par la vie, qui, au grand jour, font et subissent d'abominables choses. Quiconque porte une robe noire et veut vivre indécemment aux dépens du public a droit d'exercer une autorité tyrannique. » Rutilius, dans son *Itinéraire*, parle de l'île Capraria,

« toute souillée par ces hommes qui fuient la lumière et qui s'appellent moines, parce qu'ils veulent vivre sans témoins... Ils se rendent misérables pour fuir les maux de la vie... Sont-ce de méchants esclaves que le destin ramène aux prisons méritées, ou des malades dont la bile gonfle les viscères ? » Ailleurs, il s'écrie : « Plût aux Dieux que la Judée n'eût jamais été conquise. La peste, extirpée de chez elle, se répand au dehors, et une nation vaincue opprime ses vainqueurs. »

Malgré la décadence de la société romaine, sous l'action dissolvante du despotisme impérial, les graves traditions de la morale antique s'étaient conservées dans quelques familles : les Symmaques en sont un exemple. Il y avait dans la morale nouvelle bien des points qui répugnaient profondément à ces hommes nourris des leçons de la philosophie grecque. Pour eux, la sévère dignité des mœurs était inséparable de la haute culture de l'intelligence. L'austérité stoïcienne est très différente de l'ascétisme monastique. Epictète, Marc Aurèle ou Julien, s'affranchissaient de la tyrannie des sens, en restreignant les besoins du corps aux strictes nécessités de la vie, mais ils n'auraient pu comprendre les mortifications systématiques des anachorètes. Diogène, qui vivait dans un tonneau pour être plus libre, n'aurait jamais consenti à s'enfermer dans un couvent pour y pratiquer la vertu d'obéissance. Aux yeux des philosophes, l'humilité chrétienne n'était que de la bassesse de caractère. Les anciens priaient debout, le front haut, et leur piété, toujours empreinte d'une fierté républicaine, n'avait pas ces tendresses féminines qui caractérisent la dévotion des chrétiens. Les larmes d'extase aux pieds d'un crucifix ne pouvaient être pour les païens qu'un signe de sensibilité maladive. La foi aux miracles leur paraissait la marque d'un esprit faible. On voit par Minucius Félix que, dès l'origine, ils reprochaient aux chrétiens de s'adresser toujours aux femmes.

En attribuant au sacerdoce la direction des consciences, le christianisme avait créé entre la femme et le prêtre un ordre de relations mystiques, absolument inconnues à l'antiquité. Depuis le temps des apôtres, on trouve des femmes associées à la plupart des docteurs chrétiens, même aux chefs des sectes les plus sévères. Ainsi Montanus, qui condamnait les secondes noces, demeurait avec deux prophétesses très riches, dont les paroles étaient regardées comme des inspirations du Saint-Esprit. Presque toujours ces femmes sont des veuves ou des vierges; quand, par hasard, il est question d'un mari, c'est ordinairement un païen, auquel sa femme est très malheureuse d'être associée. Il est probable, en effet, que les hommes restés fidèles à l'ancienne religion supportaient difficilement cette intimité entre leur femme et un autre homme, quelque innocente qu'elle pût être. Il leur semblait que celui qui dirige la conscience d'une femme est son véritable époux : le mari n'a que le corps, c'est le prêtre qui a l'âme. Ce fut encore pis quand, non contents de leur faire changer de religion, les prédicateurs chrétiens les enlevèrent à leurs familles pour les entraîner dans les monastères. On n'était plus au temps où les femmes restaient assises au foyer, sans faire parler d'elles, selon le conseil de Périclès. Les anciennes lois contre le célibat avaient été abrogées par les empereurs chrétiens, et les païens, de jour en jour moins nombreux, réduits à l'impuissance par des mesures de plus en plus rigoureuses, pouvaient à peine élever la voix.

Dans les ouvrages destinés à réfuter les hérésies, les femmes qui s'attachent à une doctrine condamnée par l'auteur sont toujours de malheureuses créatures trompées par les artifices diaboliques. Marcus, par exemple, est présenté comme un magicien et un grand séducteur de femmes, surtout de femmes riches. La principale, nommée Agapè, se livra à une propagande très active en Espagne, où elle forma, entre autres prosélytes, Priscillianus, qui eut un succès prodigieux auprès des femmes, et dont le nom fut donné à une secte accusée, comme bien d'autres hérésies, de toutes sortes de débordements. Les pères attribuent, au contraire, toutes les vertus aux femmes qui se sont attachées à eux. Saint Jérôme parle avec enthousiasme ne

Paula, patricienne très riche, qui prétendait descendre des Scipions. Il lui donne le titre assez étrange de belle-mère de Dieu, parce que sa fille, nommée Eustoche, en faisant vœu de virginité, était devenue l'épouse de Jésus-Christ. Toutes deux fondèrent à Jérusalem sous sa direction une communauté religieuse, sur laquelle M. Amédée Thierry a donné d'intéressants détails. La prédilection de saint Jérôme pour la société des femmes lui attirait beaucoup de reproches. « Si les hommes m'interrogeaient sur l'Écriture, répondait-il, je n'aurais pas à parler aux femmes. »

Dans une lettre à Eustoche, qu'il nomme sa fille, sa dame, sa compagne et sa sœur, après une peinture vive des dérèglements du siècle, surtout du clergé, il propose comme remède la vie monastique. Il rappelle et développe le passage de saint Paul sur le mariage : « Oui, dit-il, celle qui est mariée pense aux choses du monde, elle veut plaire à son mari ; celle qui ne l'est pas veut plaire à Dieu... Elle fait tout pour paraître moins belle, voilà son fard. L'autre se fait peindre devant un miroir, et, au mépris de son Créateur, elle veut être plus belle que Dieu ne l'a voulu ; telles sont les conséquences du mariage. Puis ce sont des enfants qui crient, une famille qui tapage, des marmots qui vous barbouillent de baisers et se suspendent à votre cou, au risque de vous étrangler. Ce sont aussi des dépenses sans fin. On passe son temps à faire des comptes, il faut avoir la bourse toujours ouverte... Tout à coup on annonce l'arrivée de l'époux, suivi de ses amis. La femme alors parcourt comme une hirondelle tous les recoins de la maison ; elle examine si le lit est bien fait, si le pavé est proprement balayé, si les coupes du festin sont ornées de fleurs, si le dîner est prêt. Répondez-moi je vous prie, qu'y a-t-il dans tout cela qui soit une pensée à Dieu ? Et ces maisons-là seraient heureuses ! »

Dans plusieurs écoles gnostiques on condamnait le mariage, parce qu'on trouvait la vie mauvaise, et ce point de vue, quoique antisocial et antihumain, avait une sorte de grandeur. Mais le tapage des marmots et les petits tracas du ménage sont des arguments de comédie. Cette satire de la vie conjugale fit cependant accuser saint Jérôme d'attaquer l'institution du mariage comme le faisaient les hérétiques. Il répondit que, loin de dénigrer le mariage, il l'approuvait, parce que c'est de lui que viennent les vierges, et que sans lui il n'y aurait pas de célibat : « Aujourd'hui, disait-il, les nécessités de l'ancienne loi ont passé, et d'autres temps sont venus dont l'Ecriture a pu dire : Malheur à celles qui enfanteront et allaiteront dans ce jour-là ! Ainsi le veut la successon des choses. La forêt croît pour être coupée, le champ est semé pour qu'on le moissonne ; le monde est plein et ne nous contient plus. Chaque jour la guerre nous décime, les maladies nous enlèvent par milliers, les naufrages nous engloutissent, et nous nous querellerions encore pour des frontières ! Les élus, dans ces sombres jours, sont ceux qui suivent l'Agneau et qui paraîtront devant lui sans avoir souillé la blancheur de leur vêtement : ce sont ceux qui sont restés vierges. »

Les races vieillies et fatiguées avaient le pressentiment de leur fin prochaine, et, loin de s'en effrayer, elles appelaient la délivrance promise. On trouvait que la trompette du jugement se faisait bien attendre ; il y avait dans les âmes un immense dégoût de la vie. Tout ce qui autrefois la faisait trouver douce, et bonne, et désirable, liberté, patrie, famille, tout avait disparu, balayé par le vent du désert, comme les feuilles sèches sous les rafales de l'automne. L'art, la science, toutes les lumières du ciel achevaient de s'éteindre. Quelle œuvre est possible devant la méditation de la mort? Marie a choisi la meilleure part. Voyez les lis des champs, ils ne tissent ni ne filent. Il n'y a plus d'autre travail que la prière, d'autre vertu que la continence, la stérile vertu des vieillards. L'humanité refroidie s'enveloppe dans sa robe monastique comme dans un linceul de neige ; le froid de l'hiver envahit l'histoire ; des nuages s'amoncellent dans le Nord, on entend gronder comme des torrents le flot des races nouvelles roulant du haut des montagnes, pour inonder les terres dépeuplées du vieil empire. Personne ne songe à la résistance. L'Empire est condamné, les Barbares sont les fléaux de Dieux. Bienheureux ceux qui pleurent, bienheureux les pacifiques ! Si quelqu'un te frappe la joue droite, tends-lui la joue gauche, et à celui qui veut t'arracher ta tunique, abandonne encore ton manteau.

Les prophéties n'avaient pas menti, c'était bien réellement la fin d'un monde.

St-Amand (Cher). — Imp. de DESTENAY, Bussière frères.